AF222705

Haralds Dichter-Welt

Harald Hildebrandt

Haralds Dichter-Welt

mit Bildern von Christin Taube

Bibliografische Information der Deutschen Nationalbibliothek:
Die Deutsche Nationalbibliothek verzeichnet diese Publikation in der Deutschen
Nationalbibliografie; detaillierte bibliografische Daten sind im Internet
über http://dnb.d-nb.de abrufbar

© 2009

Herstellung und Verlag: Books on Demand GmbH, Norderstedt

ISBN: 9783839135167

Lieber Harald, lieber Papa, lieber Opa,

du hast dich ja nun schon länger gefragt, was wir mit all deinen Gedichten angestellt haben und ich bin mir fast sicher, dass du nicht mit diesem Buch gerechnet hast.

Beim Zusammentragen deiner Werke ist uns erst bewusst geworden, wie viele Gedichte du in den letzten Jahren schon geschrieben hast und das alles ohne jemals eine Gegenleistung zu erwarten. Du hast deine Gedichte nie geschrieben um irgendwann einmal kommerzielle Zwecke damit zu verfolgen, sondern einzig und allein um den Menschen um dich herum eine Freude zu machen.

Mit diesem Buch wollen wir dir nun einen Teil dieser Freude zurückgeben. Wir hoffen, dass es dir ebenso viel Spaß macht darin zu lesen wie uns.

Dieses Buch soll keine weiteren Ansprüche verfolgen als dir und uns eine Freude zu sein. Auch wenn wir nicht alle deine Werke hierin versammelt haben, so denken wir doch, dass es eine schöne Auswahl ist um dir deinen Geburtstag zu versüßen.

In diesem Sinne wünschen wir dir viel Vergnügen bei der Reise durch deine Dichter-Welt.

Ein paar Worte vorweg vom Autor persönlich, der noch keine
Ahnung davon hatte, wozu wir seine Bilder brauchten:

Ein tolles Gedicht,
das wird dies nicht,
dem Dichter aufgezwungen,
hat er hier um die Worte gerungen.

Zudem mit Schlips und Kragen verkleidet,
darunter auch der Wortfluss leidet,
drum nehmt hin, ihr Lieben,
was von einem overdressden Dichter geschrieben,
der trotz allem gespannt seinen Blick darauf richtet,
was für ein Gesamtmenü die liebe Tochter angerichtet.

Der Autor

Ein Interview von Vater und Tochter

Wann hast du angefangen zu dichten?
Ich denke durch den Karneval im Fernsehen inspiriert sind wc
die ersten Gedichte entstanden. Eines der ersten Gedichte w
ein Gedicht für meine Frau zur Verlobung.

Hast du dich auch schon in anderen Textgattungen versucht?
Nein, es blieb bisher immer bei gedanklichen Versuchen, sell
beim Verfassen einer Rede besteht immer die Versuchung
Reimform zu verfallen.

Wie entstehen deine Gedichte?
Das kann man nicht genau sagen. Manchmal geht gar nich
meistens aber auf Kommando, also wenn ich ein Gedicht
einem bestimmten Zeitpunkt fertig haben muss. In der Re;
schreibe ich dann das Gedicht vom Anfang bis zum Ende
einem Zug.

Gefallen dir deine eigenen Texte?
In der Regel ja, sagen wir zu 95 %.

Wie denkst du von dir selbst als Dichter?
Naiv - einfach, mit einem für einen schlechten Deutschschü]
überraschend umfangreichen Wortschatz.

Frühe Werke

Für Irmtraud

5 Jahre ist es her,
nicht weniger und nicht mehr,
da habe ich es gewagt
und bei dir um Verlobung nachgefragt
und du hast gerne ja gesagt.

Oje, habe ich mir gedacht,
hoffentlich haste jetzt keinen Fehler gemacht,
offensichtlich war dies nicht der Fall,
nun fand ich dich lieb überall.

Also blieb mir nichts weiter,
nach 2 Jahren war ich dein Hochzeiter.
Ich will es jetzt ganz deutlich sagen,
heute tät ich nicht mehr fragen.
Ich würde dich heiraten, notfalls mit Gewalt,
denn mit dir will ich werden alt.

Ich sage es auch unumwunden,
eine bessere Frau hat noch keiner gefunden.
Drum gestatte mir, dass ich an diesem Tage
mit roten Rosen dir Dank sage,

für 5 wunderschöne Jahre.

Eine Antwort auf dieses Liebesgedicht wurde 25 Jahre
später verfasst:

Für Harald

Du schriebst mir einmal ein Gedicht,
das ich vergass bis heute nicht,
du wolltest werden mit mir alt -
25 Jahre vergingen so bald. (...)

(...auf Wunsch der Autorin bleibt dieses Gedicht jedoch
unveröffentlicht.)

Die Eiterhagener Camper

Ein Zelt, das ist etwas Genaues,
drum kauf dir eins und bau es!
Wenn du einfach kein Glücke hast im Lotto,
zelte in der Heimat unter dem Motto:

Hebt hoch die Tassen!
High life in allen Gassen!
Damit du bist nicht immer allein,
lade dir noch ein paar Mädchen ein.
Hältst du diese Parolen ein -
wirst du bald ein echter Camper sein!

Diese Theorie muss man natürlich testen,
das taten wir, nur mit den Besten.
Zwei Wochen haben gezeltet wir,
waren mal da, waren mal hier,
tranken 16 Kästen Bier
und sahen oft zwei an für vier.

Freitag gegen halb acht
haben wir uns auf den Weg gemacht,
frohen Mutes das Zelt aufbauen wollten wir,
wir waren im Ganzen vier.

Beim Zeltaufbauen halfen uns Anni und der Otto,
sie machten dies allein ganz flotto.
Sobald wir dann alles hatten stehen,
ließen sich auch Menne und Konsorten sehen.
Irgendwann wurd der Durst die größte Plage,
da mussten wir die "Gerste" zur Kneipe jage'.
Er holte an diesem Abend den ersten Kasten,
inzwischen gehen 23 (!) zu unseren Lasten.

Im Zelt, man stelle sich vor,
erzählt der Menne wie man spielt Onkel Doktor.
Nach diesen wüsteren Geschichten,
musste man eine Abkühlung sichten.
Samstagmorgen um ½ sechs - oh nein -
gingen wir doch ins Wasser rein.
Das Wasser weckte unseren Lebensgeist,
den ganzen Tag wurde nur flüssig gespeist.
Samstagabend kam das Bratwurstessen,
anschließend haben wir gemütlich zusammen gesessen.

Frau Nickels Pfefferminz schmeckte ganz toll,
so dass wir waren fast alle voll.
Auch die Mädchen tranken mit viel Mut,
anschließend sie hatten viel Alkohol im Blut.

Allein aufgewacht im Zelt sind wir,
neben uns nur ne Flasche Bier.
Der Kopf der brummt,
der Schädel summt
im Magen der Alkohol macht Sorgen,
Überschrift: Der Sonntagmorgen!

Am Montagabend kauften wir schon wieder Bier,
auch wenn wir bloß hatten Acht-Mark-vier.
Die Quittung für das Billigbier bekamen wir prompt serviert
so manch einen hat es sehr pressiert,
es ist doch überall das Gleiche
Mit so 'ner Panthersei…
Kaum wird man nach dem Rausche munter,
kommt man vom Throne nicht mehr runter.

Das Essen stand unter dem Motto:
Ein Schnitzel am Abend
ist erquickend und labend.
Jedoch der Mischer sie erst vom Grill tat holen,
als sie waren bereits am Verkohlen.

Am anderen Morgen gar mancher saß vorm Zelt
und sah verschwommen nur die Welt.
Als wir genommen ein kühles Morgenbad,
die Kehle nach Bier rufen tat.
Somit haben wir einen "kleinen" Umtrunk gemacht
- bis 10 Uhr in der Nacht.

Das zweite Wochenende fing auch munter an,
zwei Kästen Bier waren schon am Freitag dran.
Nachdem wir in Wellerode das Bier probiert,
wir dann haben Rüdigers Kegelbahn studiert.
Der Karl-Heinz war ganz toll in Form,
eine 9 nach der anderen war bei ihm nicht enorm.
3 Mann zum Kegeln wohl nicht mehr gehen,
weil sie noch immer haben Runden offen stehen.

Der letzte Samstagmorgen begann ganz toll,
schiss ein Vogel doch Lutzens Hose voll.
Der Karl-Heinz wollte vor Lachen nicht mehr leben
und rief: Mensch, was hätte das einen Braten gegeben!
Als wir fuhren gegen 11 Uhr nach Haus,
war auch das Zweite Camper-Wochenende aus.

Für meine Mannschaft

Zwischen Weihnachtsgans und Silvestersekt,
sind wir zur Winterwanderung ausgerückt.
Da wurde der Trainer vor Neid ganz blass,
16 Mann zur Wanderung, das war doch was.
Vorneweg führte den Zug,
unser Organisator, der Herr Krug.
Keiner wusste ja, wohin es geht,
wo genau unser Proviantkorb steht.
Unser Anführers Sinn,
zeigte dann nach Wattenbach hin.

Hier waren Lutz und Bärbel schon dabei,
ein Feuer zu entfachen, für Wasser und Kartoffelbrei.
Nach vieler Müh und großer Pein,
sollte auch bald eine Flamme zu sehen sein.
Nun konnte der Grog uns erwärmen,
von dem Frühstück werden wir noch lange schwärmen.
Drum sei von dieser Stelle schon herzlicher Dank erbracht,
für Bärbel und Lutz, die dies hervorragend gemacht.

Der Weg uns dann nach Wellerode führte,
wo man den Kegelkönig kührte.
Anschließend haben wir im Waldschlösschen was wohl verkehrt,
den eigenen, mitgebrachten Weinbrand verzehrt.
Aber früh war allen klar,
dass dies eine gelungene Feier war.
Drum müssen wir auch dem Uwe danke sagen,
über dessen Organisation konnte keiner sich beklagen.
Ich wünsch in frohes Jahr allen Fußballern auf diesem Wege,
vor allen denen, die ich Sonntags auf dem Sportplatz sehe.

Euer Trainer

Gedanken zum Saisonende

Nach der Serie Müh und Pein
finden wir uns heut hier ein.
Zwar haben wir kein Spiel,
doch Kondition benötigen wir auch sehr viel.
Wer 6 Stunden lang das Tanzbein schwingt
und die Zeit mit Wein, Weib und Gesang verbringt,
wer dazu noch kräftig lacht,
falls unser Spaß ihm Freude macht,
der ist heut hier am richtigen Ort
und geht vor zwei Uhr nachts nicht fort.
Zur Unterhaltung konnten wir nicht Frankenfeld borgen,
es steht uns auch viel besser zu Gesicht,
wenn wir als reine Amateure selbst für Stimmung sorgen.

Bevor nun das Vergnügen beginnt,
nehmen wir noch einen Rückblick geschwind,
auf die hinter uns liegende Spielzeit,
die uns viel Freude aber auch viel Ärger hat bereit.
12 Punkte haben wir errungen
und so manchen Gegner unerwartet bezwungen.
Wer hätte im August schon daran gedacht,
dass die 1. Mannschaft sich so raus macht?

Als alles zu Ende schon schien,
bekamen wir es trotzdem noch hin.
Es wurde zwar zu Hause so mancher Punkt verschenkt,
die, wenn man jetzt zurück so denkt,
uns um einige Plätze nach oben gebracht
und uns damit noch mehr Freude gemacht.

Dafür wurde auswärts mehr erreicht
und fast immer auch das bessere Spiel gezeigt.
Unser Torverhältnis, das lässt manchen Wunsch noch offen
und wir können nur für die Zukunft hoffen,
dass die Hintermannschaft besser deckt
und der Sturm mehr Bälle im gegnerischen Tor versteckt.

So manches Spiel ging eben verloren,
weil es fehlte an geschossenen Toren
und manches Pünktchen ging dahin,
weil es oft fehlt an der nötigen Disziplin.
Nicht immer gleich den Mitspieler anklagen,
wenn dieser einen Fehler gemacht,
sondern für ihn sich doppelt plagen,
das wäre oft viel besser angebracht.

Nur mit Gemeinsamkeit sind wir gegen Niederlagen gefeit.
Wir müssen Kameradschaft, Spielwitz und Kampfkraft
zeigen,
der Weg nach oben ist sehr weit
und nur zu schaffen, wenn die Mannschaft sich nicht
entzweit.
Die Mannschaft, die aus 13 Spielern besteht,
von denen keiner vor dem Anderen steht.
Von denen Jeder schwer zu ersetzen ist,
aber keiner unersetzbar ist,
muss mehr denn je zusammenstehen,
dann werden wir gut durch die zweite Serie gehen.

Drum stehet auf, stoßt an und trinkt,
auf dass der Abend uns mehr Kameradschaft bringt.
Trinkt aber auch auf das Wohl jener vier Kameraden,
die während der Serie uns betreut haben.
Die Donnerstags die Spielersitzung leiten
und jeden Sonntag aufgeregt ums Spielfeld schreiten.
Und nicht zuletzt steht auf und lasst uns trinken
auf unsere Frauen einen Trinkspruch bringen,
auf sie, die uns so manchen Spieltag entbehren,
auch auf sie wollen unser Glas wir leeren.

Prost!

Sparclub - Wanderungen

Willst du was erleben und was von der Welt noch sehen,
musst du mit dem Quenteler Sparclub wandern gehen.

Die Skihütte in Retterode war unser Ziel,
so mancher hielt davon nicht viel.
Viele Fragen wurden laut: Wie soll das denn gehen?
Muss man beim Mittagessen vielleicht noch stehen?
Ist beheizt der Raum?
Messer und Gabel gibt's wohl kaum?
Da wandern sehr viel Durst auch macht -
ist denn an genügend Bier gedacht?

Viele Fragen standen also im Raum,
dies ließ den Karle schlafen kaum,
drum war er am Morgen sehr früh zum Abmarsch bereit,
da blieb ihm sogar zum Hof und Straße kehren noch Zeit.
Diese Aktivitäten ließen Nachbar Norman nicht ruhen,
hatte der bist dato mit Quenteler Wanderungen wenig zu tun.
Also ist er schnell unter die Dusche gehüpft
und in seine Klamotten geschlüpft,
zum Frühstück ließ er sich keine Zeit,
war alsdann zur Wanderung und weiteren Schandtaten bereit.

Erstaunt stellte er dann fest:
Wo ist von der Wanderfreunden der Rest?
Der Sammelpunkt war noch ziemlich leer,
so kam er doch noch zum Frühstücksverzehr.

Gegen 9 Uhr waren dann alle vorhanden,
in mehr oder weniger modischen Gewanden.
Der Helmut hatte sich einen Nordpolanzug angepasst,
Reinhold Messner wäre vor Neid glatt erblasst.
Solidarität mit unseren ausländischen Mitbürgern zu beweisen,
ließ den Bernd mit einem Turkenkoffer anreisen.
Die Runde war versammelt, es ging los,
die Freude war bei allen groß.

Nach den ersten Schritten der Karle sich Gedanken macht,
dabei hat er an Kumpel Wolfgang gedacht.
und er tut uns kund - der Wolfgang hat es schwer,
er hat zu Haus den Deserteur.
Nein, nicht die Sigi war genannt,
sondern die Handwerker - als Installateur bekannt.

Schorsche lenkte ab von allzu genauen Berichten,
wir sollten seine Lederhose stolz besichten.
Ganz angetan war er von seiner Hos,
wir fragten uns, wie kann der laufen bloß?
Und kaum hatten wir dies gedacht,
der Schorsche eine Show draus macht.

Doch so ein Leder-Beinkleid hat seine Tücken
und das nicht nur beim Bücken!
Um uns dies zu beweisen,
ließ sich Schorsche zu einer Vorführung hinreißen.
Er wollte nur mal eben pinkeln gehen,
schaulustig wie wir waren, blieben wir stehen.
Um zu erspähen wie der Schorsche hopst und springt
damit die Lederhos endlich zu Boden sinkt.

Jetzt wissen wir alle ganz genau,
so 'ne Lederhose ist in jedem Fall eine Schau,
wir haben gelacht und uns über das Spektakel gefreut,
ich glaube, Schorsche hat es doch gereut,
dass er sie aus dem Schranke ausgraben tat
und nicht hörte auf seiner Frau gut gemeinten Rat.

Wer kennt der Quenteler Wanderungen,
der weiß, es wird getrunken und gesungen.
Unterwegs hat dann jeder sich gedacht,
wer hat wohl welchen Schnaps mitgebracht?
Dies wurde schon an der 1. großen Kreuzung ausprobiert
und die einzelnen Sorten intensiv studiert.
Als man dann endlich in Retterode angekommen,
so mancher war vom Schnaps schon leicht benommen,
war der Hunger groß, doch größer war der Durst,
schnell versorgte man sich mit Bier und Wurst.

Nach weiteren großen Feierlichkeiten
man musste den Heimweg vorbereiten.
Der Sparclub tat sich da sehr schwer,
denn wir erkannten die Straße nicht mehr.
Mal war sie hier, mal war sie dort,
doch nie an einem festen Ort.
Irgendwie ist es uns dann aber noch gelungen,
wir waren zurück in heimatlichen Niederungen,
doch bevor wir glücklich nach Hause fanden,
waren noch ein paar Vorfälle vorhanden:

Eine lebende Hecke des Nachbars ganzer Stolz,
viel Äste, wenig Holz,
man sieht hin und ist sehr erstaunt
der Volker dem Fritz ins Ohre raunt:

"Guck hin, die Hecke ist wirklich lebendig heute!"
Da lacht und freut sich die Wandersmeute.
Denn nur zwei rotbestrumpfte Beine waren noch zu sehen,
der Henner wollte auch Nachbars Grundstück begehen
und ist kopfüber ins Gehölz geplumpst,
dass es gut und hörbar rummst.

Der Albert dann, vom Wandern ganz erschöpft,
hat sich die Kinderschaukel vorgeknöpft.
Doch merke, eine Kinderschaukel ist für Opas nicht,
weil man fällt leicht auf den Po oder's Gesicht.

Ein bisschen betrunken und auch demoliert
haben wir uns dann zuhause präsentiert.
Unsere Frauen riefen aus wie jedes Jahr:
Wenn das keine gute Wanderung war!

Hochzeiten

Anja und Stefan

In Escherode erklingt heut Freud- und Jubelgeschrei,
mit Anjas und Stefans Singledasein ist es nun vorbei.
Sie haben sich getraut, sie haben es gewagt
und vor dem Standesamt und Pfarrer ja gesagt.
Dieses kleine Wort, was soviel tut heißen,
soll es doch auf eine lebenslange Verbindung hinweisen.
Aber sicher, dies ist euch bewusst,
ihr habt ja gewollt und nicht gemusst.

Anja hat dieses Ziel schon lange erkannt,
wo sie doch schon sehr früh auf ihren Traummann stand.
Lederjacke und Jeanskutte waren so toll,
ihr Herz war von Liebe übervoll,
so wurden die beiden ein Paar voll Power,
zunächst jedoch nicht von Lebensdauer.

Dies gibt uns Gelegenheit zu berichten
von diesen und jenen anderen Geschichten.
So z. B. von Anjas Job in der Nacht,
der die Eltern um den Schlaf gebracht.
So machte sich der Vater manchen Sonntagmorgen
auf nach Kassel, um für Töchterchens Heimfahrt zu sorgen.

Mit Bruder Mark hat sie sich nicht immer vertragen,
wie konnte er sich auch an ihr Lieblingsspielzeug wagen?
Gerächt hat sie sich, ausgiebig und viel,
wir glauben viel Wasser war im Spiel.
Als Kleinkind war Anja schon sehr bestimmt und korrekt,
Kinderkrankheiten wurden nur behandelt, wenn Mama mit
Ärztekoffer diese gescheckt.

Dann vor 3 Jahren ziemlich genau,
fuhr Anja mit uns als Firmen-Fußball-Power-Frau.
Das Tor hat sie getroffen, zwar war die Richtung verkehrt,
doch das hat den tollen Turnierablauf nicht weiter gestört.
Auf dieser Fahrt wurde ihr bewusst, ein Fußballer allein,
nur der konnte ihr Traumprinz sein.
Die Liebe zu Stefan, die nie erloschen war,
leuchtete neu, hell und sonnenklar,
und dass Stefan ein guter Fußballer ist,
dies wurde bekannt auch dem Chronist.

Von nun an wurden im Büro die Uhren abgestellt,
denn pünktlich um 7.50 Uhr täglich das Telefon hat geschellt.
Der Stefan seine Anja telefonisch begrüßt
und ihr somit den Tag hat versüßt.

Den Lebensweg wollt ihr nun gemeinsam gehen,
ein eigen Anbau wird auch bald stehen,
der Weg wird nicht immer einfach sein,
denkt daran, auf Regen folgt immer Sonnenschein!
Sollte euch einmal ein Donner grollen,
Eltern und Schwiegereltern bestimmt helfen wollen.
Der Vater verkauft ein Auto mehr von der Firma ..ord,
und schon sind finanzielle Sorgen ein leeres Wort.

Alles Glück dieser Erde und noch viel mehr,
das wünscht euch das Kollegenheer.

Bettina und Bernd

Hört Ihr Gäste, es sei euch gesagt,
Bettina und Bernd haben heut den Sprung gewagt.
Zu dem gemeinsamen Leben, was ihr euch vorgenommen
und heute die Kollegen sind gekommen,
um euch Glück zu wünschen – auf allen Wegen,
Ehesonnenschein und Kindersegen.

Die Hochzeit war ja für den August gedacht,
Hawaiiurlaubspläne längst gemacht,
doch oft kommt es anders als man denkt,
was will man machen, wenn der Storch sich ein Bein verrenkt?
Hawaiiurlaub ist nun leider passè,
aber ihr habt ja noch Taunheim mit viel Schnee,
und die Nordsee ist auch nicht zu verachten,
auch wenn ihr auf wetterfeste Kleidung müsst achten.

Schon lange – 10 Jahre schon – tun sie sich kennen,
bereits in der Schule tat man über den Weg sich rennen.
Zuerst wollte man vielleicht noch etwas Distanz,
das Äußere gefiel Bettina noch nicht ganz,
drum hat sie sich nicht lange geziert
und Bernd nach ihren Wünschen modelliert.
Wie gut ihr das gelungen ist,
man an den neidvollen Augen der Kolleginnen abliest.

Am Anfang das gemeinsame Fahrzeug noch zwei Räder hat,
fand bald der Wechsel zu einem alten Kadette statt.
Dem folgten noch einige Autos hinterher,
glaubt mir, der Kinderwagen verschleißt sich nicht so sehr.

Mit diesem wird der Bernd keine Abkürzungen suchen,
sondern ein Jahresabo im Stadtpark buchen.
Auch eine Cocktailjagd auf Kreta ist nicht mehr in,
Kindertee und Orangensaft ist bald in euren Gläsern drin
und wenn ihr dann Urlaub zu dritt bestellt,
euch keiner mehr für Bruder und Schwester hält.

Auch euer gemeinsames Hobby nun bald Pause hat,
der Tanz findet dann im Kinderzimmer statt.
Den Tennisball wird der Bernd bald weniger sehen
und Bettina, dessen bin ich mir sicher, kräftig zur Seite stehen.
Doch wenn sich jetzt so manches Hindernis aufbaut,
ihr dürft's mir glauben, alles vergessen, wenn ihr in lachende
Kinderaugen schaut.
Sorgen, wie sie immer wieder vorkommen,
so z. B. wie sie dir, Bettina, eine Rippe genommen,
sie werden nicht mehr so eng gesehen,
tut man am Kinderbette stehen.

Wünschen wir euch also nochmals alles Gute,
mögt ihr finden bald 'ne größere Bude.
Möge Glück und Zufriedenheit
euch begleiten alle Zeit.
Möge Gesundheit und Wohlergehen,
euch immer zur Seite stehen,
damit ihr auch in den schönsten Stunden an uns denkt,
haben wir euch Bettwäsche geschenkt,
denn von oben bis unten mit Firmen– Herzen dekoriert,
liebt es sich ganz ungeniert.

Dagmar und Peter

Wer hätte das gedacht,
die Schnapszahl hat Mut gemacht.
Drum am 8.8. nach Ihringshausen geschaut,
dort werden Dagmar und Peter getraut.

Zu diesem eurem Jubeltage,
wünschen von der ersten bis zur letzten Etage,
euch viel Glück und alles Gute,
alle Kollegen von der Firmen-Bude.

Möge auf eurer Ehebilanz immer Gewinnsaldo stehen,
möge euch immer ein guter Wind wehen,
möge euch immer die Sonne scheinen,
mögen Sorgen immer bleiben die Kleinen.

Das gemeinsame Heim ist ja schon gekauft,
der gemeinsame Name wird nächste Woche getauft.
Jetzt fehlt nur noch Kinderlachen,
zur Anregung bringen wir euch ein paar Sachen,
sagt nicht gleich - owei
wir hoffen, es wird reichen für zwei oder drei.
Denn wenn die Familie komplett,
dann wird es erst richtig nett.
Der Schlaf ist zwar nicht mehr so lang,
aber Babys Geschrei - klingt wie Gesang.
Drum seid fleißig und nett,
es wäre schön, wenn die Firma keine Nachwuchssorgen
mehr hät.
In diesem Sinne nochmals Glück und Gottes Segen,
auf all euren gemeinsamen Wegen.
Dies und vieles mehr,
wünscht das Kollegenheer.

Simone und Wolfgang

Schwarz wie Kohle, blond wie Gold,
das Glück hat diese Verbindung gewollt.
Nun ist es wirklich, nun ist es wahr,
Simone und Wolfgang sind ein Ehepaar.

Der KC Chaos wünscht zu diesem Feste,
euch alles Gute und nur das Beste!
Gottes Segen möge euch begleiten,
in Glück und Zufriedenheit zu allen Zeiten.
Alle Wünsche werden in Erfüllung gehen,
wenn zwei Liebende fest zusammenstehen.

Und wenn die Familie dann komplettiert,
man ist zu Dritt oder zu Viert,
was macht den Wolfgang dann so froh?
Richtig - nicht mehr das Katzenklo!

Abschließend wollten wir nicht verhehlen,
mit euch kann man Pferde stehlen,
drum bleibt dem KC noch lange erhalten,
bleibt so wie ihr seid, bleibt ganz die "Alten".

Inge und Armin

Inge und Armin wollen nun gemeinsam gehen,
für die Zukunft treu zueinander stehen.
Da ist die Gelegenheit gekommen,
zu überlegen, wie hat es eigentlich begonnen?

Es ist nicht von der Hand zu weisen,
es begann, als wir nach Österreich reisten.
Nie hätte ich gedacht,
als ich zu dieser Fahrt die Firmen-Schönheiten mitgebracht,
dass sich entwickelten diese Dinge,
der ruhige Armin und die wilde Inge.

Viele Klippen waren auch zu umkurven,
bis sie konnten die Hochzeitssuppe gemeinsam schlurfen,
Aber nach dem Motto "alte Liebe rostet nicht",
strahlen beide jetzt übers ganze Gesicht.
Freuen sich auf das, was da wird kommen,
Knäblein oder Mägdlein, beides wird herzlich aufgenommen.

Bevor ihr euch festlegt aufs Geschlecht,
im Grunde ist ja beides recht,
und auch wirklich nichts gegen eine Mägdelein,
doch denkt dran - Nachwuchs braucht auch der Sportverein.

Lieber Armin, liebe Inge,

dass ich unsere Glückwünsche in Gedichtform bringe,
dies hat als besondere Ehre bestand,
denn wer bekommt schon zur Hochzeit einen echten
"Hildebrandt"?

So wünschen wir euch zu eurem Feste,
alles Gute und nur das Beste,
möge euer gemeinsames Leben immer in der Sonne stehen,
aber auch Blitz und Donner überstehen.

Bleibt fröhlich, lustig, angenehm wie bisher,
eure Umgebung dankt es euch sehr.
Habt vor der Zukunft keine Sorgen,
auf den dunklen Abend, folgt immer ein heller Morgen,
freut euch auf euren Zuwachs im nächsten Jahr,
dann ist euer Leben nur noch sonnenklar.

Also möge euch auf all euren Wegen,
begleiten Gottes Segen,
möge Glück und Zufriedenheit,
Gast sein bei euch zu jeder Zeit.
Möge Gesundheit und Wohlergehen
immer an eurer Seite stehen.
Dies alles wünschen euch und vieles mehr,
Irmtraud, Christin, Stefan und Harald, bitte sehr.

Vera und Andreas

Liebe Vera, lieber Andreas,
zu eurer Hochzeit wünscht man was,
was wünschen wir nun euch
die Kollegen vom Geschäftsstellenbereich?

Glück und Zufriedenheit
in guter wie in schlechter Zeit,
Gesundheit und Wohlergehen
sollen euch immer zur Seite stehen.
Und wenn einmal Wolken am Ehehimmel weinen,
wird auch bald die Sonne wieder scheinen.
Die Taschen immer voller Geld,
Reisen um die ganze Welt
und Gottes Segen
soll euch begleiten auf allen Wegen.
Auch wenn wir die Vera dann lange entbehren müssen,
eine große Kinderschar soll die Eltern herzen und küssen.
Dies alles und vieles mehr
wünscht Euch das Kollegenheer.

Weiter zu berichten, weiß der Chronist,
wie es während Veras Arbeitszeit den Beiden so
ergangen ist.
Siebzehn Jahr und blondes Haar,
am 01.09. Veras erster Arbeitstag war.
Erika, Susanne, Astrid hießen ihre Leidensgenossen,
die wollten erklimmen berufliche Erfolgessprossen.
Die FiBu war Veras erste Station,
Überweisungen und Buchungen, was ist das schon?
Im Einkauf bei Papa Christian war die Luft schon rauer,
der reagierte nämlich auch mal sauer.

Über JW, Fami, Sekretariat und AZ-Süd,
kam sie zu uns, wo man Löhne und Gehälter vergüt'.
Hier war sie in ihrem Element,
so dass man sie bald Lohnbuchhalterin nennt.
Auch wenn die Arbeitsbelastung immer sehr groß,
Vera meisterte alle Klippen famos.
Natürlich hatte sie auch einmal schlechte Tage,
wer hat die nicht, sei hier die Frage.
Ab '85 war sowieso nur noch alles Sonnenschein,
Andreas trat in ihr Leben ein.
Gemeinsam wurden nun alle Wege bestritten,
ob in Österreich gerodelt oder auf Kreta geritten.
Besonders von Kreta halten die Beiden viel,
war es doch schon 3 oder 4 mal ihr Urlaubsziel.
Ostern '90 sollte dann die Verlobung sein,
vor den Kollegen verheimlicht, das war nicht fein!
Doch so ganz geheim ist es nicht geblieben,
wie Vera das Glück stand ins Gesicht geschrieben.

Nun wurden weitere Zukunftspläne gemacht
und an ein eigenes Heim gedacht.
Flugs wurde ein Häuschen renoviert,
es wurde gehämmert, gepinselt und tapeziert.
In kurzer Zeit ein schmuckes Heim fertig gestellt,
alsdann auch das Heiratsaufgebot bestellt.
Nun galt es die Feier vorzubereiten,
das machte so manches Kopfzerbrechen den Beiden.
Sie bekamen zu spüren,
dass es nicht einfach ist alle Termine zusammenzuführen.
Doch auch hieraus machten sie das Beste
was bewiesen ist mit diesem herrlichen Feste.

Silberhochzeiten

Karin und Ebi

Die Bundeswehr rief bestimmt und laut,
da haben sich Ebi und Karin schnell getraut.
Doch keiner soll jetzt den Gedanken hegen,
die Heirat war nur des schnöden Mammons wegen,
denn die große Liebe war längst bei ihnen eingezogen
und eine gemeinsame Zukunft war fest beschlossen und erwogen.

So habt ihr es, so denke ich, nie gereut,
dass ihr habt so früh gefreit.
25 Jahre hat Kapitän Ebi das Eheschiff durch die Gewässer geführt,
manchmal auch des Admirals, also Karins, harte Hand gespürt.
Ihr habt gemeinsam gemeistert so manches Wellental,
wo auch die Liebe wurde etwas schmal,
doch tiefer als jedes Tal, bei euch der Liebe-Basis saß,
die Silberhochzeit bekundet das!

Vor 22 Jahren traten noch 4 Chaoten in euer Leben,
kennen gelernt, wie sollt es anders sein, beim gemeinsamen
Glase heben.
Eine wunderbare Freundschaft begann,
3 trinkfeste Damen mit ebensolchem Mann,
und wir freuen uns besonders, hier schließt der Dichter alle mit ein,
euch schriftlich zu gratulieren und in Gedanken bei euch zu sein.
Euch alles nur erdenklich Gute zu wünschen auf dieser Welt,
Gesundheit, Gemeinsamkeit und ein wenig Geld,
damit eure Zukunftswünsche in Erfüllung gehen,
wir hoffen bei diesen Wünschen nicht ganz außen zu stehen.
Die Planung für die nächsten Jahre ist ja bereits gemacht
vergelte Gott, wer schon an gemeinsames Rentnerdasein gedacht.

Zum Schluss noch einmal wirklich alles Gute und nur das Beste
wünschen Euch zu eurem Silberfeste,
in Moers und Leinen wohlbekannt
Irmtraud, Christin, Stefan und Harald Hildebrandt

36

Brigitte und Dieter

Die Zeit ein Gedicht in Form und Stil für euch zu verfassen,
hat mir die Arbeit leider nicht gelassen.
Doch ich hoffe, es wird mir auch hier gelingen,
einige nette Zeilen zu Papier zu bringen.

Heute vor 25 Jahr
wurden Brigitte und Dieter ein Paar.
Gern erinnern wir uns an der Hochzeit schöne Tage,
sie waren toll, gar keine Frage.
Auch wenn mir, dem Verfasser dieser Worte,
Grenzen aufgezeigt im Ruhrpottorte,
denn wer mit einem "Kumpel" Schnaps um die Wette sauft,
der ist bald verraten und verkauft.
Wer dann am Hochzeitstage mit gequältem Lächeln im Gesicht
schleppt durch den Saal junge Damen von Gewicht, der vergisst
diese Feiertage nicht!

25 Jahre in Freud und auch Leid,
erst allein, dann zu zweit,
habt ihr gemeistert das Leben in jeder Lage,
füreinander und miteinander, das ist keine Frage.
Auch in Zeiten der Trennung hielt die zarte Bande,
dies ist zu bemerken - nicht nur am Rande.
Mit der Zeit wurde dieses Glück komplettiert,
die Heckers waren bald zu dritt und sind nun zu viert.

Nach Irland führen nun jährlich eure Wege hin,
herrlich für den, der für Land und Leute den Sinn.
Hier habt ihr euer Glück gefunden,
wir alle sehen es, in arbeitsreichen und in ruhigen Stunden.

Doch eins, ich denke das dürfen eure Freunde sagen,
nehmt's "easy" und lasst eure Tage nicht nur durch Arbeit tragen.
Denn wir wollen euch auch in 10 Jahren noch glücklich sehen,
hier auf eurer einmaligen Insel stehen.

Zum Abschluss wünschen wir euch auf all euren Wegen,
begleitet stets von Gottes Segen,
ein Leben voller Sonnenschein,
mal mit uns allen - mal allein.
Bleibt die lieben Freunde, die ihr seid,
dann sind wir zusammen noch zu mancher "Schandtat" bereit.

Geburtstage

18. Geburtstag

18 Jahre, man fühlt sich frei wie der Wind,
man ist erwachsen, nicht mehr Kind,
man fühlt sich befreit und keiner wird es wagen,
mir noch „Bescheid" zu sagen.

Uhrzeit ?? – Wann die Party ist vorbei,
meine Sache !! - Ob um zwei oder drei,
mag mein Freund auch „Django" sein,
dies entscheiden, darf ich jetzt allein.

Viele solcher Gedanken mögen dir jetzt kommen,
dies sei dir auch unbenommen.
Du wirst es nicht übertreiben,
wir sind sicher, du wirst die „Liebe" bleiben,
wirst deinen Eltern weiter „fast" nur Freude bereiten,
denn 18 Jahre sind nicht nur freudige Geschichten,
sie bedeuten auch Verantwortung und Pflichten,
dass dir dies ist bewusst und bekannt,
davon ist überzeugt die ganze Familie Hildebrandt.

Fröhlich und ausgelassen sollst du sein,
und in deinem Leben
möge es geben
wenig Regen und viel Sonnenschein,
wir wünschen dir von Herzen alles Gute und nur das Beste
zu deinem 18. Wiegenfeste

    Mit einem Glase alten Wino,
    die Tini und der Tino.
    Mit einem Glase „Blubbergram"
    und vielen Grüßen der Stefan.
    Mit einem Glas Weinbrand dann – schon sehr alt
    die Irmtraud und der Harald.

30. Geburtstag Tini und Tino

Ein – nein, sogar 2 runde Geburtstage ohne Gedicht,
nein, dass geht nun wirklich nicht!
Die 3 vorne in der Jahreszahl,
wird mancher Frau zur Höllenqual,
ich denke, liebe Tini, für dich ist es kein Graus,
denn jetzt läuft es für dich auf einen „weiseren"
Lebensabschnitt hinaus.

Mit 30 hat man die ersten Stürme hinter sich gebracht,
und nun wird an die Zukunft gedacht,
die habt ihr zwei ja nun schon planvoll begonnen,
dabei leider nicht nur Freude gewonnen.
Denn ein Haus, was doch schon alt und gebrechlich ist,
so manchen nicht geplanten Euro frisst.
So bewundern wir, eure Eltern, euren Mut,
wie ihr dies alles anpacken und meistern tut.

Und nun zum bisherigen Höhepunkt in eurem Leben,
was kann es Schöneres geben,
am 01.01. ist es geschehen,
Lana-Lou hat das Licht der Welt gesehen.
Nach einer langen Leidenszeit,
war es nun endlich soweit
und mit euch Dreien
werden sich Angel, Elias und Sternchen im Himmel freuen.

In diesem Moment sei auch an die gedacht,
die diese eure Feier gerne mitgemacht,
drum eine stille Sekunde zum Gedenken,
wollen wir unseren Verstorbenen schenken.

Mit der 3 vorne habe ich angefangen,
mit der 6 vorne habt ihr diesen Tag gemeinsam begangen,
denkt an diesem Tage voller Glück
auch an schwere Zeiten zurück.
Nicht immer habt ihr euren Eltern Freude bereitet,
manche Zeit war mit viel Sorge begleitet,
eure Eltern, ich glaube ich kann es wagen,
das auch für Heidi und Reinert zu sagen,
haben euch viel Unterstützung gegeben
und gaben euch Vorlage für ein gemeinsames, glückliches Leben.

Liebe Tini, da du nun heute schon 30 bist,
wird ihm bewusst, wie alt er selbst schon ist, der Chronist.
An den Tag deiner Geburt kann ich noch gut dran denken,
viele Stunden dauerte es, bis du uns wolltest
dein Leben schenken.
Vom vielen mitdrücken und pressen war ich abends so hingerafft,
dass ich nicht einmal einen vernünftigen
„Bullerschnaps" geschafft,
als die Schwiegereltern mich anderen Tage so fit und
nüchtern gesehen,
dachten sie schon, hoffentlich ist da nicht Schlimmes geschehen.

Dies war Gott sei Dank nicht der Fall,
aber 6 Wochen später kam der Knall.
Eine harmlose OP am Leistenbruch sollte der Auslöser sein,
dass du uns, natürlich ungewollt, bereitest Sorgen und Pein,
bis man erkannte was für eine Krankheit ist es wirklich,
waren fast verzweifelt deine Mutter und ich.

Dank Oberschwester Rosemarie, die das „Prinzesschen"
aufopferungsvoll „aufgepäppelt" hat,
die dich durch Bananenrationen am Leben erhalten hat,
konnten wir dich nach 8 Wochen Krankenhaus
endlich und glücklich holen nach Haus.

Ein bisschen, man kann es nicht verschweigen,
hat das Prinzesschen in dir noch sein Bleiben.
Von den folgenden weiteren großen und kleinen Gebrechen,
wollen wir nicht weiter sprechen.
Freue dich deiner Familie, deiner Gesundheit,
sei weiter fröhlich und lustig, dass es uns alle freut,
gehe weiter tatkräftig und optimistisch durchs Leben,
dann wird sich Glücklichsein und Zufriedenheit von alleine ergeben.

Wir wünschen dir und euch im weiteren Leben,
nur Sonnenschein und wenig Regen,
bleibt fröhlich und lebensfroh,
dann sind wir es ebenso.

Auf all euren Wegen,
soll euch begleiten Gottes Segen,
soll euch Glück und Zufriedenheit erhalten bleiben,
dies soll uns gemeinsam noch viel Freude bereiten.

40. Geburtstag Dieter

Vor 19 Jahren bei Wein, Weib und Gesang,
da fing eine große Freundschaft an.
Über eine Fliege, die in Brigittes Weinglas ertrunken,
sprangen über die freundschaftlichen Funken.
Denn wer führte aus den Schlag am spanischen Orte?
Kein anderer, als der Verfasser dieser Worte.
Karin und Ebi diese Tat bestürzte,
wo doch der badende Dieter Vortags ihre Nachtruhe störte.
So war am Anfang nicht nur Freude allein,
die brachte dann aber um so mehr der gesammelte Wein.

Dieters 21. Geburtstag sollte beginnen um Mitternacht,
aber leider ist er auf dem "Topf" nicht rechtzeitig erwacht.
Erst nach unserem Eingreifen, was die Türe ließ erbeben,
konnte sich Dieter mühsam erheben
und wie das dann so ist - nach der Ruhe kommt die Kraft,
wir konnten gemeinsam leeren noch viel Rebensaft.
Auf der Heimfahrt und dies ist kein Mist,
gab Dieter am Busmikrophon den singenden Solist.

Nun sind tatsächlich schon 19 Jahre vergangen,
seit wir den ersten Geburtstag gemeinsam begangen.
Und liebe Leute, es ist wahr,
grau und schütter wird sein Haar,
der gute Mann ein bisschen weniger würzig,
es ist so weit, Dieter wird Vierzig.

Doch, lieber Junge, nimm es nicht so schwer,
40 - sind in diesem Kreise noch Einige mehr.
Denn mit 40 ist der Mann erst ein Mann
und nicht nur die Frauen wissen, was er kann.

Auch wenn das Leben manchmal ist schwer,
nimm es leicht und locker wie bisher,
denn vom Gram gebückt und von Sorgen erdrückt,
dies hat noch keinen Menschen beglückt.
Sei den Metzgern in deiner Region
lieb und zuverlässig wie der eigene Sohn,
dann kannst du an deren Maschinen ohne Bedenken
und sie werden noch manche Wurst dir schenken.

Bleib weiter, dies ist sehr wichtig, ein lieber Vater und Ehemann,
den auch ein lebhafter Wieland nicht aus der Ruhe bringen kann.
Denn nur gemeinsam und in steter Eintracht,
haben es die Do-Du-Ka's zu 19 Jahren gebracht.
Und wenn wir nächstes Jahr die 20 vollenden,
ich denke, dann werden wir unsere Freundschaft auch verrenten.
Zusammen wollen wir eine große Urlaubsfamilie bleiben,
auch wenn bald Schwiegerkinder ihr Unwesen treiben.

Zum Schluss wünschen wir dir alles Gute und nur Sonnenschein,
sollst immer glücklich und zufrieden sein.
Wir wünschen dir auf allen Wegen
Glück, Erfolg und Gottes Segen.
Alle guten Wünsche, die hier vereint,
sind natürlich auch für deine Familie gemeint.
Und solltet ihr doch einmal Sorge und Nöte haben,
könnt ihr immer eure Freunde, die Du-Ka's fragen.
Doch wir sind uns dessen gewiss,
der Dieter hat jetzt mit 40 - den besten Schmiss.
Daher geht's bei euch nur noch bergauf
und wir, wir alle, trinken einen drauf.

50. Geburtstag Irmtraud

Für eine 50jährige zu schreiben ein Gedicht,
liebe Gäste, so einfach ist das nicht.

Soll man schreiben über intime Sachen,
was wir zusammen im Bett noch machen?

Ich denke, dies sollte besser uns zweien bleiben,
diese Verse sind nur für 4 Ohren zu schreiben.

Soll ich schreiben über Irmtrauds schlechte Seiten?
Dies will ich ganz bewusst vermeiden.

Oder meint Ihr, ich will dann Blut und Wasser schwitzen
und nächste Woche auf der Straße sitzen?

Soll ich, wie man es gerne macht,
dass man bei dieser Gelegenheit nur an das Gute gedacht?

Da sage ich lieber wie es ist,
bleib so, mein Schatz, wie du bist.

Jeder der Betroffenen weiß es genau,
du bist die beste Mutter, die beste Tochter, die beste
Schwiegertochter und liebste Frau.

50. Geburtstag Bernd

Ich muss es offen bekunden,
es war vor drei oder vier Stunden,
da wollt ich mich im Bad von Pinienduft auf die Feier
vorbereiten,
als Zweifel sich bei mir verbreiten.
So ganz ohne Geschenk? Ohne Gedicht?
Den 50zigsten von Freund Bernd? Das geht doch nicht!
So rief ich schnell und sodann,
meine Frau zum Stenogramm.
Zunächst nahm sie mir die Pinienillusionen ganz fad,
lag ich doch nur im Rheumabad.

Freunde, ein Wattenbacher und ein Eiterhagener, wie geht
denn das?
War da vor 40 Jahren nicht Rivalität, oder auch Hass?
Die Schulbank haben wir nie zusammen gedrückt,
war damals noch jeder Ort mit eigener Schule bestückt.
Doch bereits Anfang der 60ziger Jahre sollte es sein,
eine Freizeit auf dem Sensenstein besuchten wir
im Verein.
Die Konfirmandenzeit war dann nicht weit,
eine interessante und tolle Zeit.

Mich wunderte was manch Wattenbacher sich traute
und dem Pfarrer während des Gebetes die Wurst vom
Teller klaute.
Zwischendurch haben Bernd und ich es geschafft
und Fußball gespielt in der Wattenbacher
Jugendmannschaft.
Verstanden haben wir uns zu jeder Zeit,
eine richtige Freundschaft war jedoch noch weit.
Man kann sagen, wohin ich auch kam, was auch geschah,
der Bernd, der war schon da.

Bald wurde Geld verdient und Urlaub musste sein,
die Fußballer lud der Sportbund auf die Insel ein,
auf dem Bahnhof angekommen, was liegt nah?
Natürlich, der Bernd war schon da.
Nur einmal war ich schneller, man glaubt es kaum,
nämlich bei der Quenteler Weiblichkeit -
aller Herren Traum.
Als Bernd dann sein Revier gefunden -
die Welt ist so klein,
musste es meiner Frau's beste Freundin sein.

So könnte ich jetzt berichten
über viele kleine, große und lustige Geschichten,
doch die sollen in unserem Freundschaftsbuche leben,
und uns im Notfall Hilfe geben.

Lieber Bernd, liebe Renate, Irmtraud und ich wollen es
nicht verhehlen,
gäbe es unsere Freundschaft nicht, würde uns im Leben
vieles fehlen.

Mit Optimismus und Freude am Leben,
möge der liebe Gott es geben,
dass wir gemeinsam noch viele dieser Feiern begehen,
in Gesundheit, Frohsinn und Wohlergehen.

50. Geburtstag Christa

Hört ihr Leut' wir tun kund,
die Christa hat Geburtstag und der ist rund.
Zu deinem Wiegenfeste haben wir an dich gedacht
und ein kleines Gedicht gemacht.

50 Jahre und kein bisschen schlapp,
ist die Christa immer auf fröhlichem Trapp.
Die Heimat wird zu Fuß genommen,
die kleinen Hügel im Laufschritt erklommen
und wird zu heiß der Wanderspaß,
ein Berg- oder Baggersee bringt kühles Nass.

Soll die Reise etwas weiter sein,
tritt sie feste in die Pedale rein.
So wurde Österreich und die Donau erkundet,
dabei ein guter Tropfen ihr besonders mundet.
Auch vor den großen Touren hat sie keine Bange,
selbst in Nepal stand sie in der Wanderschlange.

Durch Amerika ging's mit dem Wohnmobil,
hier zu Fuß oder per Rad ist nun doch zuviel.
Die Welt kennen zu lernen ist ihr Ziel
und davon fehlt nicht mehr all zuviel.
Wir wünschen dir, dass du stets dieselbe bleibst,
wenn du dich in aller Herren Länder herumtreibst.
Möge Gesundheit, Zufriedenheit und Glück,
dir stets Wegbegleiter sein an einem Stück.

60. Geburtstag Luise

Zu deinem 60. Wiegenfeste
wünschen wir dir alles Gute und nur das Beste.
Gesundheit vor allem, dies will ich gleich unterstreichen
und an den lieben Herrgott weiterreichen.
Gesundheit also und fröhliche Tage Sommer wie Winter,
dies wünschen dir deine Kind- und Kindes-Kinder.

60 Jahre liegen nun zurück,
60 Jahre nicht immer voller Glück.
Schon in jungen Mädchenjahren
musstest du erfahren,
was passiert, wenn einer will die Welt regieren
und dabei alles tut verlieren.
Doch nach des Kriegs- und Nachkriegswirren schwerer Zeit
war ein Strahl von Glück nicht mehr weit.

Buren Henner wurde er genannt und bald hießt du
Hildebrandt.
Als nächster Teil vom Glück,
da kam ich, der Verfasser von diesem Stück.
Schwer war die Geburtennacht,
ich hoffe, ich habe es dir nur einmal so schwer gemacht
und genau nach vorgeschriebener Enthaltsamkeit
war es dann auch wieder soweit,
ein Mädchen sollte Hildebrandts komplettieren,
mit ihr wollt der Papa so gerne promenieren.
Was draus wurde ist euch bekannt,
Arno wurde das Mädchen genannt.

Nicht lange konntest du nur glückliche Mutter sein,
geschaffen werden musste ein eigenes Heim.
In dieser Zeit der Sparsamkeit,
war kein Weg dir zu weit,
keine Arbeit dir zu schwer,
schafftest für 2 und für mehr.
Immer getragen von dem Ziel,
am Ende steht für uns alle viel.

Leider war's mit der Gesundheit nicht zum Besten bestellt
und hat dir und uns manch bange Frage gestellt.
Alle deine Operationen und Krankenhausaufenthalte hast
du mit Optimismus getragen,
selten, wenn überhaupt, hörten wir dich klagen.
Warst auch in gesundheitlich schwerer Zeit,
zum selbstlosen Einsatz für deine Kinder und inzwischen
auch Enkel bereit.
Hierfür können wir nicht genug Dank dir sagen,
ich denke, ich tue das im Namen aller der von dir
geliebten Plagen.

Zum Schluss nochmals alles Gute und viel Glück,
schau immer nach vorne niemals zurück,
bleib immer, wenn auch schwer es fällt, gut gelaunt,
denn nicht Trübsal blasen, nein, Fröhlich sein ist des
Lebenssound.

60. Geburtstag Rudi

60 Jahre und kein bisschen greise,
nett und beliebt in jeder Weise,
dass wird und ist Rudi heute
und es gratulieren alle Firmen-Leute.
Gesundheit und Wohlergehen,
sollen dir auch in Zukunft zur Seite stehen.
Familiäre Geborgenheit, ob zu dritt oder zu zweit,
sei dir gegönnt zu jeder Zeit,
soll des Lebens Sonnenschein,
immer auf deiner Seite sein.

Lass das Bierchen dir weiter gut schmecken,
auch die Zigarette darfst du dir weiter anstecken.
Bleib weiterhin ein guter Kollege - wie bisher,
dann fragt keiner - wer ist denn der?
Wie in der Firma und in der Nachbarschaft du bereits bekannt
kennt man dich dann auch in Stadt und Land.
In diesem Sinne nochmals zu deinem Jubelfeste,
alles Gute und nur das Beste.
Dies und noch viel mehr
wünscht dir das Kollegenheer.

70. Geburtstag Willi

Liebe Verwandte, Freunde und Gäste, all ihr lieben Leut',
den 70jährigen Willi feiern wir heut.
Bei guter Laune und Musik,
zartem Fleisch, für jeden ein großes Stück,
kühlem Bier und süffigem Wein,
wollen wir gemeinsam ein paar Stunden fröhlich sein.

Geboren in den 30iger Jahren, in Inflation und Nazizeit,
die Jugend verbracht mit Kriegesleid,
ist der Willi immer der Mensch geblieben,
den wir und seine Mitmenschen lieben.
Immer einen Witz auf den Lippen,
umkurvte er so manche Klippen.
Natürlich hatte er auch Zeiten, wo er schlecht
anzusprechen war,
doch diese zum Glück, waren selten und rar.

Zu Fleiß und Einsatz war Willi stets bereit,
Arbeit war sein Lebensmotto jederzeit.
Ob im Steinbruch oder der Ziegelei,
Willi war voll Elan stets dabei.
Schließlich sollte ja ein Häuschen entstehen,
da musste er schuften, nicht spazieren gehen.
Belohnung er bald fand,
als das Häuschen fertig im Oberdorf stand.

Später dann, in einer Maienzeit,
hielt Amor seine Pfeile bereit,
kaum der Willi die Anni hat erblickt,
war ganz begeistert er und entzückt.
Und war sich sicher, diese süße Kleine,
das ist sie, das wird die Meine!

Nichts ließ ihn nunmehr seine Füße schonen,
weder Geister, Irrlichter oder Dämonen;
nach Kehrenbach lenkte er nun seinen Schritt,
ein Herz voller Liebe kam immer mit.

Es begab sich dann die Zeit, als Willi aus
Gefangenschaft entwichen
und selbstbewusst über den Melsunger
Hauptbahnhof geschlichen,
plötzlich, gehalten von Oma Marthas fester Hand,
Schwager Hans klein und frech vor ihm stand.
Sprach keck, Onkel lass uns nicht lange quasseln
darf ich denn mal an euerem Säbel rasseln?
So kam es, seit dieser Zeit und Stunden,
hatten sich die Familien Wenderoth und
Lotzgeselle gefunden.
Auch wenn ihr nun glaubt, der Chronist ist
durcheinander mit den Jahren,
Tatsache ist's, ich hab es so erfahren.

Auch braucht man nicht verwundert zu sein,
dass Willi und Anni bald nicht mehr allein.
Kurz nach der Hochzeit war man schon zu dritt,
dies kleine Etwas verlangte bald, das Kind muss auch
noch mit.

Nun ging es weiter mit dem Häuserbau,
erst Dachstuhl, dann Erweiterungsbau.
Und nun, ihr wisst es ja schon,
jetzt baut auch die 4. Generation.

Unzählige Wände und Decken hat Willi verputzt,
dabei sich früh die Schulter abgenutzt,
auch hat er sich nicht geziert
und an Sonntagen noch tapeziert.

Alsdann der Körper immer mehr gestreikt,
war der Ruhestand nicht mehr weit.
Sich daran zu gewöhnen fiel Willi zunächst schwer,
drum musste schnell eine neue Beschäftigung her.
Gefunden hat er sie im Wald und im Umgang mit Holz,
so mancher Festmeter war sein ganzer Stolz.
So sah man Tag für Tag im Wald ein eingespieltes Paar,
der Willi und sein brauner Audi dieses war.
Leider hat die Gesundheit ihm oft zu schaffen gemacht,
Willi hat es immer tapfer ertragen und dennoch gelacht.

Drum wünschen wir dir, lieber Opa, lieber Papa,
wir die ganze Kinder- und Enkelschar,
Glück, Gesundheit auf all deinen Wegen
begleitet stets von Gottes Segen.
Eine unbeschwert glückliche Zeit,
mit uns Allen und deiner lieben Frau zu zweit.

80. Geburtstag Heinrich

80 Jahre wird der "Buren Henner" nun heute,
nicht nur für sich, nein, auch uns zur Freude,
wollen wir heute sein Fest begießen
und frohe Stunden gemeinsam genießen.

In 80 Jahren, die an einem vorbei marschieren,
da kann schon einiges passieren.
In der Kindheit, in schwerer Zeit,
war kein Weg ihm zu weit,
für seinen Onkel die gemachten Schuhe auszutragen
und gleich nach des Schusters Groschen nachzufragen.

In der Jugend begann er die Riecher nach der Welt
auszustrecken,
der Glanz der Marineuniform tat ihn anstecken,
doch die Fahrt auf hoher See war bald zu Ende,
als der Magen machte eine Umkehrwende.
So konnte er, mit festem Boden unter den Füßen,
das Kriegsleben am Strand von Borkum fast genießen.

Den Kriegswirren verhältnismäßig
unbeschädigt entronnen,
hat Buren Henner das eigentliche Leben begonnen.
Obwohl in Stadt und Land,
als kleiner Schwerenöter er bekannt,
hat er seine Pflichten nicht vergessen,
und sehr bald arbeitsmäßig wieder im Sattel gesessen.
So konnte dann auch an die eigene Familie gedacht werden,
denn da wandelte doch die Luise auf Eiterhagens Erden.
Sie sollte es sein, die er nach Hause führt,
auch wenn er von den Schwiegereltern nicht
gleich Liebe gespürt.

Bei der Hochzeit glanzvollem Fest,
ja, da saß ich auch schon im Nest,
bald haben sie dann die Familie komplettiert,
nach 5 weiteren Jahren waren wir zu viert.
Jetzt hat der Henner sich gedacht,
werden Nägel mit Köpfen gemacht,
auch wenn er nicht in Geld geschwommen,
wurde der Hausbau in Angriff genommen.
Mühsam und entbehrungsreich war die Zeit,
doch als der Einzug dann soweit,
stand ihm das Glück ins Gesicht geschrieben,
da waren alle Sorgen plötzlich vertrieben.

Leider währte des Glückes Geruhsamkeit nicht lange mehr,
denn die "Grube" gab keine Kohle mehr her.
Doch auch das Unglück sich bald umkehrte,
und der Henner als Versicherungs-Vertreter Einlass begehrte.
Hier war er in seinem Element,
denn reden hat ihn noch nie gehemmt.
Auch wenn dieser Beruf kein Zuckerschlecken,
immer noch besser, als nach Kohle sich bücken und recken.

So kann er jetzt den Ruhestand genießen,
auch wenn ihn hier noch einiges tut verdrießen,
ob es nun seine Söhne sind oder das liebe Geld,
ich glaube, du kannst trotzdem zufrieden sein mit der Welt.

Der aufmerksame Zuhörer wird sich fragen,
hat er dies nicht schon einmal vorgetragen?
Richtig - vor 10 Jahren entstand dieser Bericht,
vorgetragen zum 70igsten als Gedicht.

Man kann es wenden und auch drehen,
die ersten 70 Jahre bleiben nun einmal bestehen.

Nach dem rauschenden Fest ging der Alltag weiter,
leider war der nicht so heiter.
Aufopferungsvoll pflegtest du deine kranke Frau,
was du geleistet hast enorm, jeder weiß es genau.
Als dann die geliebte Luise dich und uns verlassen,
konnte es keiner so richtig fassen,
schwer war der Verlust zu tragen,
besonders an den einsamen Tagen.

Mal warst du deprimiert, mal gänzlich unrasiert,
zum Glück hast du nicht unendlich lange lamentiert.
Nach angebrachter Zeit,
war Heinrich das leere Haus dann allzu leid,
bei Kaffee und Kuchen,
tat Henner ein neues Glück sich suchen.
Nach einigen fehl geschlagenen Schritten,
ist jetzt die Walburg in unserer Mitten,
ich denke, hier haben sich zwei gefunden,
da passt es, seit den ersten gemeinsamen Stunden.

Abschließend lieber Vater, lieber Opa,
wünschen wir dir zu deinem Feste,
alles Gute und nur das Beste,
möge im Leben dir nur noch die Sonne scheinen,
möge Gesundheit mit dir sein und den deinen.
Möge Gott dir und Walburg noch viele gemeinsame
Stunden geben,
dass wir auch in 10 Jahren noch das Glas auf dein
Wohl erheben.

Besondere Anlässe

Einladung

Liebe Verwandte, liebe Freunde,
ein Wunder geschieht,
Harald wird so alt, wie er lange schon aussieht.
Nachdem eine Kollegin mich vor 10 Jahren schon fast in
Rente geschickt,
und der beste Kollege mich gen 60 einrückt,
feiere ich, wie ich mich fühle, ihr wisst es schon,
flotte 40 plus 10 in Option.

Also lad ich euch zu meinem 50. Wiegenfeste,
am 22. Dezember, als liebe Gäste,
ins Quenteler Dorfgemeinschaftshause
zum fröhlichen Umtrunk und deftigem kulinarischen
Schmause.

Um 18.00 Uhr wollen wir die Fete beginnen,
ihr braucht nur Durst, Hunger und gute Laune
mitbringen.
Eine Absage wird nur mit amtlicher Entschuldigung
akzeptiert,
drum erwarte ich eure Zusage bis zum 17.12. serviert.

Eurer Harald

Lieber Volker,

es tut uns leid,
aber am 13.05. haben wir keine Zeit.
Denn unserer guten Freundes Kind,
feiert am 14.05. Konfirmation geschwind.
Die Einladung zu dieser Feier haben wir schon erfahren,
als die Konfirmandin gar jung war an Jahren,
drum sei so traurig, wie wir es sind,
aber Vorrang hat nun mal das Patenkind.

Trotzdem wünschen wir dir zu deinem Feste,
alles Gute und nur das Beste,
Glück, Gesundheit und Wohlbefinden,
soll ständig den Weg zu dir auch finden.
Gern wollen wir natürlich persönlich gratulieren,
drum werden wir in aller Kürze telefonieren.

Es grüßen dich - in aller Welt bekannt,
Irmtraud, Christin, Stefan und Harald Hildebrandt

Abschied Uschi

Die Geburtstage mit der 0 für die Frauen oft ein Graus,
ganz anders sieht es bei der 0 mit der 6 dann aus.
Man kann dem Faktor Arbeit entrinnen
und nur glückliche Tage mit seinen Lieben verbringen.

Liebe Uschi, genieße die neue Zeit,
sei für den Ruhestand offen und bereit,
viel Freude soll dir alles bereiten,
vor allem Gesundheit dich begleiten.
Alles Gute und viel Glück
und denk auch mal an schöne Firmen-Zeiten zurück.

Abschied Wilma

Die Firma ohne die Frau Habermann,
kaum einer der dies glauben kann.
Doch auch die Treueste darf einmal gehen,
um ihrem lieben Mann voll zur Seite zu stehen.

Ich wünsche dir Gesundheit und viel Glück,
denk auch mal an uns und schöne Arbeits Zeiten zurück,
behalt dein fröhliches und ausgeglichenes Gemüt,
ich denke, dass man sich privat auch noch sieht.

Abschied Christa

Die Christa zieht sich ins Privatleben zurück,
was unser Pech, ist ihrer Schwester Glück.
Für Christa ist es keine Frage, sie ist zur Stelle,
wenn die kranke Schwester braucht eine Hilfsquelle.
Nicht oft trifft man eine solche Familienbande,
in diesem, unserem Wohlstandslande.

10 Jahre hat sie es mit uns ausgehalten,
und zählt an Firmen-Jahren zu den Alten.
Viele frohe und arbeitsreiche Stunden haben wir verbracht,
mal geflucht, aber meistens doch gelacht,
weil die Zusammenarbeit mit Christa eben Freude macht.

Zur Ausgestaltung unserer Feste hat sie stets viel beigetragen,
sei es durch ein lustiges Gedicht aufsagen,
oder als Maler Klecks zu berichten,
was beim Tapezieren passieren für Geschichten.
Auch als musizierender Tamburinmann
kam sie beim Publikum sehr gut an.
Manchen Betriebsausflug hat sie organisiert,
ein voller Erfolg war stets vorprogrammiert.

Christa, wir, wir alle die Kollegenschar,
wünschen dir, dass dein Privatleben wird wunderbar.
Gesundheit und Wohlergehen sollen dich begleiten,
heute und zu allen Zeiten.
Und fühlst du dich doch einmal traurig und allein,
schau doch mal bei deiner alten Firma rein,
Du wirst uns immer willkommen sein.

Liebe Kolleginnen, liebe Kollegen,

Es ist soweit,
die "LoBu" hat ein bisschen Zeit.

Wir haben unsere Geburtstage nicht vergessen
und laden ein, zum Trinken und auch Essen.

Vera, Bettina, Anja, Astrid, Thomas und Harald
wurden in den vergangenen Monaten einige Jahre alt.

Das neue Computerprogramm und andere Sachen,
ließen uns keine Feste machen.

Traurig waren wir nach erfolgreichem Abschluss der
neuen Löhne,
denn es folgten Wochen und Monate weniger Schöne.

Doch wir lassen uns die Stimmung nicht vermiesen,
und wollen mit Euch einige frohe Stunden genießen.

In diesem Sinne, hebt hoch die Tassen
und lasst uns gehen zum Essen fassen!

Hauskauf

Sauer's schaffen sich, man glaubt es kaum,
eigenes Haus und eigenen Raum.

Zu diesem freudigen Anlass
macht auf ein ordentlich Fass!
Möge euch dieser Entschluss nie reuen,
sollt euch ewig an dem Erschaffenen freuen.
Bleibt als Hausbesitzer beliebte Nachbarn,
wie es die Mieter Sauer immer waren.

Wir haben damit allerdings keine Bedenken
und wollen euch unsere besten Wünsche zum Hauskauf
schenken.
Auch wenn Ihr jetzt beim Umzug schwitzt,
anschließend wisst ihr, was ihr besitzt.

Und nur vorab, obwohl ihr es bestimmt schon ahnt,
in nicht allzu ferner Zukunft sich ein Besuch
der Do-Ka's anbahnt.
Dann wollen wir gemeinsam bewundern euer neues Heim,
und nun machen wir Schluss mit diesem Reim.

25 Jahre Firmenjubiläum

Es geschah vor ziemlich genau 25 Jahr,
diese Firma noch ein kleines Blümlein war.
Ein frischer Wind trieb nun das Geschäft nach vorn,
am Ruder war jetzt Fritze Horn.
Skepsis wurde dem "Quenteler Jung" entgegengebracht,
heimlich vielleicht auch über den Dorfburschen gelacht.
Doch wer hier hat Zweifel gehegt,
dem wurden bald andere Tatsachen belegt
und was prima "Quenteler Material" immer ist,
das bestätigen kann ganz bestimmt der Chronist.

Wir wollen heute keinen Geschäftsbericht abreißen
um damit die Qualitäten vom Jubilar zu beweisen.
Doch ein kleiner Hinweis sei erlaubt,
damit es auch jeder hier im Raume glaubt,
dass in dieser Zeit aus einer kleinen Kollegen-Schar
ein großes Wohlfahrtsunternehmen wurde, das ist wahr!
Die Geschäftsstelle mit 4 Personen - man glaubt es kaum,
es saßen alle in einem Raum.
Jetzt sind es doch einige mehr,
an Platz fehlt es uns auch heute sehr.
200 Mitarbeiter waren es mal,
heute hat sich versiebenfacht die Zahl!

Damit wollen wir das Geschäftliche auch schon
bewenden lassen
und uns nunmehr mit dem Jubilar befassen.

Früher, das waren noch Zeiten!
Dieser Spruch tut heute jedes Firmenfest begleiten.
Da wurde noch mehr gemeinsam gemacht,
nicht zuletzt wird hier an den Jubilar gedacht.
Immer war er erster Mann an der Spritze,
machte mit uns allen gerne Witze,
Betriebsausflüge mit gemeinsamen Zelten,
das waren der kleinen Geschäftsstelle Welten.

Der Geschäftsführer war auf dieser Reise,
Führer auf seine ganz persönliche Weise.
Auch eine derbe Autopanne konnte ihn nicht abhalten,
auf dem Zeltplatz - erst die Sektflasche, dann die
Zeltstange zu halten.
Seine Schäflein hat er dann im großen Zelt untergebracht
und sie von seiner Hundehütte aus bewacht.
Auf Helgoland wurde er dann belohnt,
die gebratene Scholle fand nicht den Weg, den sie
gewohnt,
es half kein Schimpfen und kein Fluchen,
was hat der Leckerbissen auf dem Anzug zu suchen?

Über die Kleiderordnung vom Boss kann man ein Wort
verlieren,
nicht immer tat alles harmonieren.
So konnte manchmal Wilmas scharfes Auge erfassen,
dass die Socken so gar nicht zum Anzug passen.
In letzter Zeit man glaubt es kaum,
stimmt aber alles vom Scheitel bis zum Saum.
Über die Dienstkleidung vom Chef kann man sicher eine
Liste machen,
sah man ihn doch schon in den verschiedensten Sachen.

Als Erstes zu nennen wäre dran,
beim Boden entrümpeln der "Blaue Mann".
Aber auch im Smoking macht er eine gute Figur
und das in der Disco - bis morgens vier Uhr.
Beim jährlichen Grillfest in seinem Garten,
tut er uns als Grillmeister mit Schürze erwarten.
Auch im Fussballtrikot stand er seinen Mann
zeigte, was ein Geschäftsführer sportlich noch leisten
kann.

Bei der Bundeskonferenz in Kassel
kam er als Stadtschreier mit Glocke und Rassel
und konnte damit letzten Bundeszweiflern
den Happen servieren,
die Kassler können Konferenzen
hervorragend organisieren.

Als letztes in dieser Reihe sei erwähnt,
im Torwarttrikot hat er unsere Damenmannschaft
verwöhnt.
Mit viel Krach und sonstigem Zauber
hielt er seinen Kasten sauber
und verhalf so seinen Damen, ich könnte es schwören,
zum Sieg über sehr beleibte Herren.
Leider weiß der Dichter nicht zu schreiben,
was man beim gemeinsamen Duschen tat treiben.

25 Jahre - lieber Fritz Horn,
gehst du mit der Firma jetzt nach vorn.

Hast die Sorgen der Mitarbeiter immer zu
deinen gemacht,
hast dabei nie an dich gedacht,
auch wenn viele sägten an deinem Stuhl,
bliebst du immer locker und cool.
Selbst der Grabenkampf der Stadtgenossen,
der machte dich zwar verdrossen,
doch unterkriegen konnte er dich nicht,
bleibst dabei immer gelassen und wahrtest dein Gesicht.

Durch manches Wellental hast du gleitet das
Firmen-Schiff,
umkurvtest dabei so manches Riff.
Sah man dich immer feste auf der Brücke stehen,
du, unser Bezirkskapitän.

Soll in den nächsten Jahren
dir all das widerfahren,
was geschäftlich und privat deine Wünsche sind,
vielleicht ruhigeres Fahrwasser und ein Enkelkind…

Nach 25 Jahren erfolgreicher Geschäftsführertätigkeit
sind Glückwünsche nicht mehr weit.
Die tragen wir hier jetzt vor,
dein Geschäftsstellenmitarbeiterchor!

Dr.-Titel

Vorbei ist des Lernens Müh und Pein,
der Dr.-Titel ist nun dein.

Vorbei ist, dass du stöhnst und schwitzt
und voller Frust am Schreibtisch sitzt.

Vorbei sind die qualvollen Gedanken,
schaffe ich auch diese Schranken?

Hierzu sei dir von deinen Kollegen gesagt,
uns hat nie ein Zweifel geplagt.

Nun wo alle Hürden genommen
und der Titel im Namen aufgenommen,
möchten es auch deine Kollegen nicht versäumen,
dir die herzlichsten Glückwünsche einzuräumen.

Möge der neue Dr. der alte nette Kollegen bleiben,
mit dem es angenehm ist, die Arbeitszeit zu vertreiben -
und als äußeres Zeichen haben wir den Mut,
dir zu verleihen diesen Dr.-Hut.

Der Apfel fällt nicht weit vom Stamm...

Geburt

Im fernen Kehrenbach ein Freudenschrei erschallt,
der hinüber bist nach Quentel hallt.
Voller Freude haben wir vernommen,
dass bei euch ein kleiner Christian ist angekommen.

Jetzt beginnt die traute Dreisamkeit,
wir wünschen Gesundheit, Glück, Zufriedenheit.

Meisterprüfung

Nun ist es endlich vollbracht,
du Frank, hast den Meistertitel gemacht.
Die Einladung zur Feier hat uns gefreut und geehrt,
nur eine Idee blieb uns lange verwehrt:
Was schenkt man Einem, der schon alles besitzt?
Frau, Auto, Haus und Hof und auch der Titel ist nun
geritzt.

Zuerst dachten wir an Geld, doch das ist nicht neu
und als Meister hast du es eh bald wie Heu.
Nein, was Nützliches sollte es schon sein,
nicht zu groß und auch nicht zu klein.
Durch Zufall fiel uns dies Buch in die Hand
und in Sekundenschnelle haben wir da erkannt,
dass dies das richtige Geschenk für dich wäre,
voll mit nützlichen Dingen der Lehre.

Denn was man für die Prüfung so lernt,
ist von der Realität oft recht weit entfernt,
man paukt den schwierigsten Stoff ohne Wenn und Aber
und stellt später fest, es war doch nur Gelaber.
Auch wenn das jetzt seltsam mag klingen,
dieses Buch beschäftigt sich mit den einfachen Dingen.
Wir wünschen dir viel Glück, Erfolg und solche Sachen,
viel Arbeit, genug Pausen und oft was zu lachen.

Zum Abschied

Wir haben lange nachgedacht,
wie man dir eine Freude macht.
Mit Blumen? Nein, die kriegst du sowieso
und Süßkram gibt's an Weihnachten auch en gros.
Etwas Schönes zum Hinstellen als Dekoration?
Hübsche Kleider? Nein, das hast du alles schon.
Eine Villa, ein Auto oder eine Yacht?
Ach nein, das kriegst du bestimmt von anderen schon mitgebracht.

Allmählich fängt mein Kopf schon an zu rauchen,
so sinnier ich, was du könntest wohl gebrauchen.
Wohlstand, Gesundheit und Glück würden wir gern schenken,
leider kann unser Wille dies nicht lenken.
Nach langer, intensiver Suche,
fanden wir dann dieses Buche.

Es ist nichts Besonderes, und nicht einmal für dich allein gedacht,
trotzdem haben wir es dir heute mitgebracht.
Es ist bestimmt für die kommenden ruhigen Stunden,
welche für Oma und Opa mit Enkel betreuen sind verbunden.

Dem HdG kehrst du zwar den Rücken,
doch mit Angst vor Langeweile brauchst du nicht in die Zukunft
blicken.

So bleibt am Ende nur ein Wort noch, was ich sage,
ein kleines Wort, was kaum entschädigt für die anstrengenden Tage,
die Nächte und die lange Zeit hinter der HdG-Schanke.
Wir sagen dir aus vollem Herzen und für alles

DANKE

Liebe Godel Marga,

mit Blick auf den Kalender stellte ich heut' Morgen fest,
dass es sich nun wahrlich nicht mehr leugnen lässt.
Aus deiner Alterszahl hat sich die 4 davongeschlichen
und ist einer großen stolzen 5 gewichen.

Nun ist die 5 eigentlich keine besondere Zahl,
immerhin war man als Kind 5 auch schon mal.
Überhaupt, wenn ich es jetzt richtig überdenke,
und mich nicht nur auf deinen heutigen Geburtstag
beschränke,
dann hast du schon einige 5en mitgenommen,
welche dir aber gut sind bekommen.
Denn wüsst ich's nicht und sollte schätzen,
würde ich dir die letzten 5 glatt abschwätzen.
Wagen wir zurück einen kleinen Blick,
wann die 5 fing an zu lenken dein Geschick.

Mit der ersten kindlichen 5 fing alles an,
dieser folgte mit 15 die Pubertät sodann.
Mit 25 dachtest du an Heim und Kind,
meine Güte, die Jahre gehen doch geschwind.
Auch die 35 hast du hinter dir gelassen,
ebenso die 45, ich kann's kaum fassen!
Beim Lesen deiner Jahreszahlenlist,
sehe ich nun, was an dieser 5 so besonders ist.
Deine bisherigen 5en standen stets in Reihe zwei,
damit ist es ab heute erst einmal vorbei.

Ab sofort darfst du die 5 an erster Stelle tragen
und wenn man fragt, voll Stolz ganz laut sagen:
Jawohl, Ihr Leute, es ist wahr,
mich gibt es nun schon 50 Jahr!

Womit wir dann beim nächsten Thema wären,
denn womit kann man jemanden wie dich beehren?
Wie einst der römische Dichter Seneca sprach ganz frei,
"Man irrt, wenn man glaubt, dass Schenken eine leichte
Sache sei."

Was am liebsten wir dir würden schenken,
leider kann unser Wille das nicht lenken.
Sonst hätten wir dir Gesundheit, Glück und Freude
mitgebracht
und in einem großen Lkw herbeigekarrt.
Also musste ein anderes Geschenke her,
aber eins mit Bedeutung, bitte sehr.

Der alte Meister Zen, aus Japan in der weiten Ferne,
mischte feinen Sand und rauen Stein gerne.
Um zu erschaffen einen Garten aus Ruh und Stille,
wohin man kann entfliehen nach eigenem Wille.
Einen solchen Garten haben wir heut mitgebracht,
in der Hoffnung, dass auch dir er Freude macht.
Ist die Zeit mal stürmisch und rau,
schau ihn dir an, ganz still und genau.
Nimm heraus die Steine, Muscheln und Sand,
lass sie wandern, rieseln und liegen in deiner Hand.
Dann leg sie zurück und forme, ordne sie neu,
damit ihr Anblick dich wieder erfreu.

Jede Muschel, jeder Stein und jedes Körnchen von Sand,
ist ein guter Wunsch, den wir mit dem Geschenke
verband'.
Nun fragst du dich, warum ist in der Schale noch soviel
Platz?
Das ist einfach, für die nächsten Wünsche und unseren
letzten Satz:

Happy Birthday!!!

70. Anni

Liebe Oma, was jetzt kommt, ahnst du schon,
denn Reden schwingen hat bei uns Tradition.
Im Namen deiner Anverwandten darf ich es wagen,
und in diesem Rahmen ein paar Worte sagen.

Ich könnte jetzt über Omas 70 Jahre viel erzählen,
für das ein oder andere ein Beispiel wählen,
doch wenn ich einmal ehrlich bin,
steht mir danach nicht der Sinn.

Darum habe ich mir heut' gedacht,
da wir in letzter Zeit nicht viel gelacht,
will ich euch mal ein Beispiel geben,
wie's ist, mit einer Oma Anni so zu leben.

Der Morgen fängt mit einem späten Frühstück an,
was man sich als Rentner in Ruhe leisten kann.
Dazu trägt sie ihr langes Nachtgewand,
das uns im Hause wohl bekannt.
Doch ist Oma einmal dann gestärkt,
geht's frisch und frei ans Tageswerk.
Da wird im Garten rumgeflitzt,
geputzt, gewischt, dass es nur so blitzt.
Holz schleppt sie in den Keller rein,
damit der Hundi es hat schön warm und fein.
Was im Hause vor sich geht, da ist sie sich im Klaren,
kann auch ein Geheimnis stets gut bewahren.
Gibt's Probleme, mal Streit und Zank,
wird gebeichtet auf Omi's Sünderbank.

Opa Willi hast du beigestanden in mancher schweren Stunde,
das wissen wir alle hier in dieser Runde.
Nie verloren hast du deinen Mut,
immer nach vorn geschaut und das ist gut.

Jeden Besucher hast du herzlich aufgenommen,
und die auch gern zum Schwatzen wiederkommen.
Für jeden von uns hast du ein offenes Ohr,
dass wir uns bei dir ausheulen kommt doch öfter vor.
Für uns alle hast du immer Zeit,
mit Liebe, Geduld und Herzlichkeit.
Auf unsere Oma sind wir furchtbar stolz,
und das liegt nicht nur am Feuerholz.
Mögest du noch viele Jahre mit uns lachen
und auch mal verrückte Sachen machen.
Für deine liebenswerte Art möchten danken wir dir,
alle, die sitzen beisammen hier.

So, dies war das Loblied, das zu verbreiten meine Pflicht,
doch was jetzt kommt, ahnt Ihr nicht!
Denn Oma hat auch ihre anderen Seiten,
die werde ich hier jetzt mal verbreiten.

Wie gesagt, ist unsere Oma lieb und nett,
wenn sie könnte, brächte sie uns jeden Abend noch ins Bett.
Nur mit Kira unserer Hundedame,
da kommt die Omi nicht ins Warme.
Hört sie auf der Treppe Kiras große Pfoten,
kriegt sie im Magen schon 'nen Knoten.
Die Küchentüre fliegt schnell zu,
"So", denkt Oma, "jetzt hab ich Ruh!"

Das ein oder andere Mal hab ich sie schon erwischt,
wie sie vor mir und dem Hund entwischt.
Dann versteckt sie sich in dunklen Ecken,
damit der Hund sie kann nicht entdecken.

Dabei vergisst sie Kiras gute Nase,
bei uns geht's zu wie mit dem Igel und dem Hase!
Omi will verschwinden schnell im Keller,
doch Kira ist nun mal doch schneller.
Mit einem freudigen "Haps" rennt Kira los,
Sekunden später ist das Geschrei dann groß.
Denn Kira treibt die Omi auf den Gipfel,
wenn sie zerrt am Nachthemdzipfel.

Aber Oma ist trotz ihres Alters echt modern,
isst Burger und Pommes auch mal gern.
Früher haben wir Wrestling - die dicken Männer -
angeschaut
und auch Tutti-Frutti war nicht zu versaut.
So war zu den nackten Damen Omas Kommentar:
"Pah, das kann ich auch, is' doch wahr!"

Und schlau ist sie, diese Frau,
das wussten wir schon sehr genau,
doch wie raffiniert sie wirklich ist,
erfuhren wir durch Zufall, nicht durch List.
So sagt Oma immer, sie höre schwer,
doch langsam glauben wir's nicht mehr!
Schreit man ihr direkt ins Gesicht,
tut sie so, als hört sie's nicht.

Redet man dagegen auf dem Balkon sehr leise,
muss es ihr wohl flüstern eine Meise,
denn da versteht sie plötzlich jedes Wort,
und schaut man nach, dann schaut sie fort.

Oma beim Fernsehen ist auch ein besonderes Gebiet,
weil sie dann rundum nichts mehr hört und sieht.
Da kannst du schimpfen, fuchteln und auch hopsen,
ihr dabei sogar die Brille mopsen,
Oma ist dann nur voll interessiert,
was im Forsthaus Falkenau passiert.

So, liebe Oma, jetzt hab ich dich genug blamiert,
ich seh, dass dich vor lauter Angst schon friert.
Brauchst dir zu machen keine Sorgen,
die schlimmen Sachen erzähle ich erst morgen.

50. Harald

Der Harald ist nun 50 Jahr'!
Ihr könnt's nicht glauben, doch es ist wahr.
Und wenn man nun kommt so in die Jahre,
ist die Gesundheit auch nicht mehr das Wahre.

Da drückt es hier und zwickt mal da,
und einem wird erschreckend klar:
"Du liebe Zeit, ich werde alt!"
Wer hätt' gedacht, das kommt so bald?
Doch dagegen kann man etwas machen,
sehr viel Ruhe und noch mehr lachen.

Deshalb haben wir dir etwas mitgebracht,
was dir sicher Freude macht.
Für jede Stimmung ist etwas dabei,
und auch völlig nebenwirkungsfrei!

Kannst du dich morgens nicht erheben,
brauchst du etwas, das bringt Leben.
Drum lass dir in der Frühe Pfefferminztee gleich
servieren,
mit 'nem Sträußchen Petersilie zum Garnieren.

Nun bist du richtig frisch und wach,
springst aus dem Bett und es macht "Krach".
Du rufst nach deiner Frau sogleich,
dass sie dir ein Entspannungsteelein reich'.

Der Tee, der hilft, dem Herrn sei Dank,
doch Harald denkt, vielleicht werd' ich krank,
gleich setzt er das Wasser wieder auf,
mit einem Gläschen Erkältungstee darauf.

Nun könnte es passieren,
dass dein Körper tut zu heftig reagieren,
und um dieses möglichst zu vermeiden,
denn du sollst ja nicht unnötig leiden,
schenke ich dieses dir,
das Beruhigungsteelein hier.

Doch wie du auch selber weißt,
zuviel Entspannung schwächt Körper und Geist.
Dies möchte ich auch gleich verhindern,
ich hoffe, dein Durst tut sich nicht mindern,
denn dieser Tee muss auch noch hinein,
Matetee, belebend und fein.

Nun lässt es sich trotz aller Vorsorge manchmal nicht
vermeiden
und dich befällt das ein oder andere Leiden,
und bevor du wirst so richtig krank,
probiere schnell aus, was du hast in deinem Tee-Heil-
Schrank.

Hilft alles nichts, muss man die Krankheit genauer
definieren,
und dazu so einiges ausprobieren.
Hast du den Wanst dir zu vollgeschlagen,
nimm Fencheltee, der beruhigt den Magen.

Oder hast du Probleme auf der Toilette,
denk nicht, dass ich dafür nichts mehr hätte.
Brennt es dich beim Wasserlassen,
musst du nach Nierentee gleich fassen.
Auch Brennesseltee hilft dabei gut
und macht nebenbei gleich neuen Mut.

Hat es daran nicht gelegen,
sondern dein Darm folgt gar seltsamen Wegen,
es drückt und zwackt, doch du kannst nicht sch…
tu diesen Beutel Abführtee einschmeißen.
Dann läuft es wieder wie geschmiert,
und man sogar noch manches Pfund verliert.

Zur Unterstützung dieser positiven Sache,
sieh gut zu, was ich hier mache,
geb ich dir noch einen Fastentee,
und hoff, dass ich bald Wirkung seh!

Nach all den Strapazen verdienst du etwas Stille,
die bekommst du gleich mit der Kamille.
Doch auch Kamille macht nun etwas träge,
und wir sehen dich viel lieber rege.
Grüner Tee ist recht erquickend,
mit Malventee sehen wir dich kickend.

Der Durst, der kommt vom Kicken her,
drum bring ich dir noch viel, viel mehr.
Hier hab ich Birne, Apfel, Pfirsich und Zitrone,
das viele Wasser ist bestimmt nicht ohne,
und bringt dich alsbald dann auf Trab,
denn du musst Wasserlassen nicht zu knapp.

Um dieses wieder auszugleichen,
muss Salbeitee ich dir wohl reichen.
Nun wird es mir langsam auch zuviel
und ich beende dieses Spiel,
denn ich sehe an deinem Befinden,
dass du willst ganz schnell nun verschwinden,
um dir zu besorgen so ein Wasser,
das wirkt wie Tee, nur etwas krasser.
Das schmeckt dann auch nicht so lieblich und rund,
sondern hinterlässt einen Bierschaummund.

Prost.

25jähriges Firmenjubiläum Harald

25 Jahre hat der Harald heut vollbracht,
25 Jahre bei seiner Firma in Kassel geschafft.
25 Jahre ist eine lange Zeit, gar keine Frage,
25 Jahre ist grad soviel wie ich rumtrage.
25 Jahre lang ist er aufgestanden fast jeden Morgen
und ließ sich von Mama ein leckeres Frühstück besorgen.
25 Jahre, wie kann man so etwas vollbringen?
Dazu wollen wir mal kurz Haralds Werdegang besingen.

Von der Schule kam er als Industriekaufmann,
danach holte die Bundeswehr ihn gleich ran.
Nachdem er dort hat erlebt so einige wilde Geschichten,
war ihm klar, auf Weiterbildung muss er sich ausrichten.
So drückte er auch abends noch der Schule Bank,
und hat die Prüfung mit Bravur geschafft, Gott sei Dank.
Mit der Weiterbildung im Bereiche Personal,
kam auch ein neuer Job, wer die Wahl hat, hat die Qual.
Man vernahm von Kassel her ein lautes Geschrei,
dass dort sei für Harald eine Stelle frei.

Harald folgte diesem Ruf recht willig,
denn die geplante Familie war nicht billig.
25 Jahre ackert er nun schon für den gleichen Namen,
25 Jahre ließen seine Tatenkraft nicht erlahmen.
Seit 25 Jahren bringt Harald auch Arbeit mit nach Hause,
gönnt sich nicht einmal hier die wohlverdiente Pause.

Dennoch, trotz aller Arbeit, Müh und Plag,
freut er sich über diesen Tag,
denn wer diesen Job schon 25 Jahre macht,
über manches Problem nur noch milde lacht.

Bei Kollegen und Vorgesetzten ist Harald gerne gesehen,
manch einer bleibt öfter mal zum Schwätzchen stehen.
Damit Harald heute noch Gelegenheit zum Feiern hat,
findet nun mein Abschluss statt.
Im Namen der Familie und Kollegen noch,
rufe ich laut: Der Harald lebe hoch!

Familienbande

Lieber Harald, lieber Papa, lieber Opa,

am Ende deines Buches und unseres Ausfluges in deine Dichter-Welt bleibt uns nur noch zu sagen:

Happy Birthday!

Auf dass du noch lange gesund und munter bleibst und deine neu gewonnene Freizeit voller Elan genau so verbringen kannst, wie du es dir vorstellst.

Als kleines Extra-Geschenk haben wir alle uns noch einmal hingesetzt und deinem Dichter-Ich mit ein paar Zeilen nachgeeifert.

In Liebe

Deine Familie

Irmtraud

Tanz
du riechst gut
Wer bist du?
Woher kommst du?
Verliebt

Blick
zwei Sekunden tief
in braune Augen
Liebe fürs Leben
Hund

Stefan

Schwarz
Das Auto
Ist sehr laut
Nur nicht sehr schnell
Pech

Tini & Lana

blau
der Nachthimmel
mit funkelnden Sternen
voll Träume der kommenden
Nacht

Tino

weiß
und süß
auf der Torte
kann nie genug sein
Sahne

Kira

Wuff